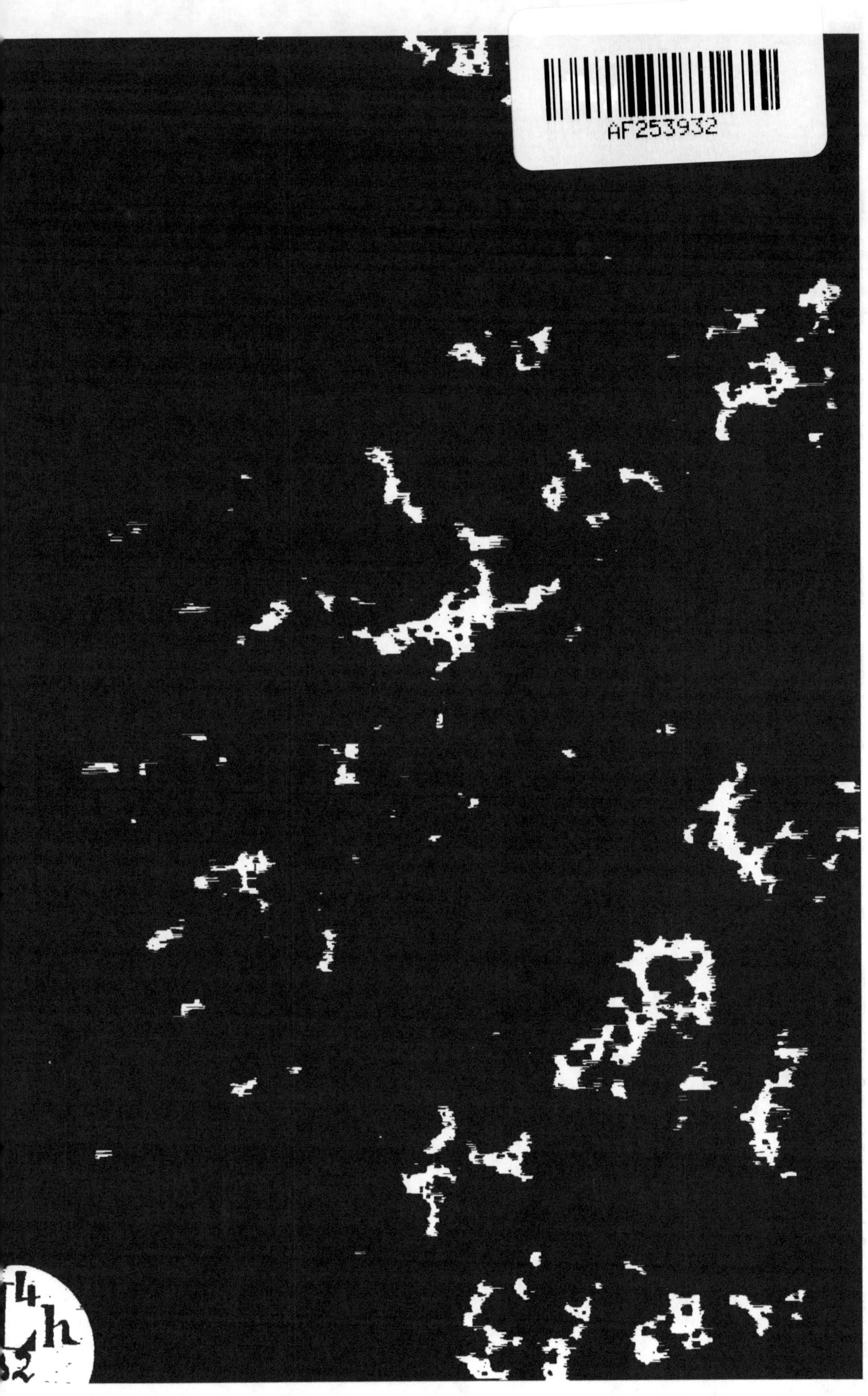

APERÇU

DES

CAMPAGNES

DE 1813 ET 1814

SUR LES PYRÉNÉES,

PAR OCTAVE RÉGEAU,

Capitaine Adjudant-Major au 61ᵉ Régiment.

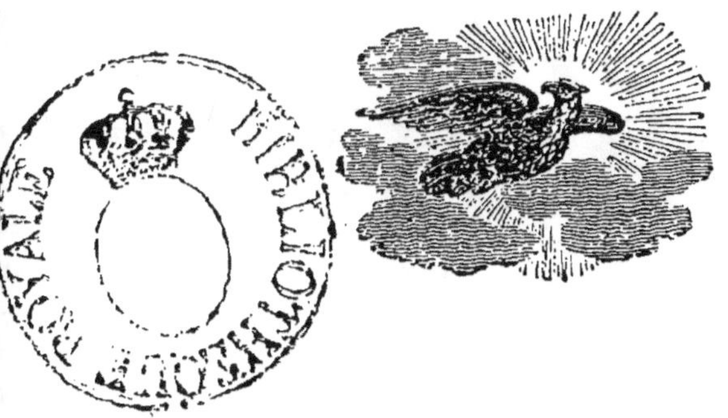

ROUEN.

IMPRIMERIE DE D. BRIÈRE,

RUE SAINT-LO, Nᵒ 7.

1832.

Je n'ai pas prétendu tracer l'histoire des campagnes de
1813 et 1184 de l'armée des Pyrénées ; cette tâche eût
excédé mes forces : mais ayant lu dans un journal légiti-
miste , à propos de la bataille de Toulouse, un rappro-
chement injuste entre le maréchal Soult et lord Wellington ,
où ce dernier était élevé de beaucoup au-dessus de son rival ,
je me suis fait un devoir , comme officier de la vieille armée
d'Espagne , et ayant fait ces mémorables campagnes sous les
ordres du maréchal Soult , de repousser les mensongères in-
sinuations de la feuille carliste , et de défendre la réputation
de mon vieux général et celle de mes braves et anciens
compagnons d'armes.

Voilà mon seul but ; et, m'aidant de mes souvenirs, de mes conversations, pendant mon séjour à Dieppe, en 1831, avec sir Robert Arbuthnot, major-général anglais, aide-de-camp de lord Wellington, pendant ces campagnes, dont le jugement éclairé et toujours impartial m'a mis à même d'apprécier les résultats de nos opérations militaires ; des notes enfin que j'ai recueillies depuis la paix, et particulièrement dans l'ouvrage intitulé : *Des Événemens militaires devant Toulouse*, publié en 1822, par M. **LAPÈNE**, capitaine d'état-major, j'ai groupé rapidement les principaux faits d'armes de l'armée des Pyrénées, dans un aperçu que j'ai publié, par articles, dans le feuilleton du *Journal de Rouen*, et que je réunis aujourd'hui dans un seul corps d'ouvrage que je livre à la bienveillante critique de mes camarades.

O. R.

APERÇU

DES CAMPAGNES

DE 1813 ET 1814

SUR LES PYRÉNÉES.

La désastreuse bataille de Vittoria (21 juin 1813), dont les conséquences doivent retomber sur l'inhabileté et l'incurie des chefs, et non sur l'armée, qui, dans cette déplorable journée, ne s'est pas montrée un seul instant indigne de sa réputation, avait rejeté les débris des diverses armées d'Espagne sur les Pyrénées.

Napoléon reçoit cette nouvelle à Dresde, et sentant la nécessité de préserver le midi de la France d'une invasion qui lui paraît imminente, porte son choix sur le maréchal Soult, le plus habile entre ses lieutenans, lui confère des pouvoirs illimités, et lui ordonne de voler en toute hâte aux Pyrénées. Arrivé à Bayonne, vers le 12 juillet, les derniers jours de ce mois ne sont pas écoulés, que le maréchal a justifié la confiance de l'Empereur. Dix divisions d'infanterie, dont une de réserve (60,000 baïonnettes), deux divisions de cavalerie, une de dragons, une de cavalerie légère, et cent bouches à feu, sont prêtes à entrer en campagne et attestent l'incomparable capacité du maréchal Soult.

Pampelune, bloquée, fixe son attention : c'est là qu'il doit frapper son premier coup; et, le 27 juillet, les manœuvres les plus habiles et trois jours de succès non interrompus, nous conduisent sous cette place et assurent sa délivrance, lorsqu'un violent orage qui dure 24 heures, et le funeste retard d'une division, détruisent et nos espérances et les habiles combinaisons du maréchal. Cette entreprise, que le maréchal Soult n'a conçue que pour se conformer à la volonté de l'Empereur, qui a exigé que les premières dépêches datassent d'Espagne, a rendu à l'armée toute sa confiance, et prouvé à sir Arthur Wellesley, que nous nommerons à l'avenir lord Wellington, que l'audace, l'activité et l'inébranlable fermeté de son adversaire lui rendront difficile et reculeront, pour longtems encore, l'envahissement du midi de la France.

Wellington et Soult sont en présence. La réflexion, la prudence et la lenteur constituent le caractère de Wellington : une infatigable activité, une fermeté que les revers ne peuvent abattre, forment celui de son indomptable rival. Le premier, profond en connaissances militaires et administratives, sait encore profiter des fautes et de la mésintelligence des généraux français, et, appuyé par la grande masse de forces * qu'il oppose à son adversaire, marche lentement, mais avec confiance, et presque certain de la victoire; le second, fort de vingt ans d'expérience, s'est créé l'art de retremper le moral des soldats, de le soutenir au milieu des revers, et, convaincu qu'une poignée de braves doit toujours faire tête à

---

* L'armée anglo-espagnole comptait, à cette époque, 120,000 hommes d'infanterie, 8,000 chevaux et 200 bouches à feu.

l'ennemi, même sans espoir de succès, il s'attache à lui créer obstacles sur obstacles, à le tenir continuellement en échec, et ne cède le terrain que pied à pied, et toujours ensanglanté par une résistance opiniâtre.

Wellington, par son système de prudence et de tâtonnement, est rarement pris en défaut; mais il se montre, pendant toute la campagne, inhabile à profiter des succès. Soult, ardent, prompt à concevoir, à exécuter, habile surtout à pénétrer les projets de son adversaire, à profiter de ses lenteurs, l'inquiète, l'épouvante toujours par la hardiesse et la rapidité de ses mouvemens stratégiques. Soult, enfin, par le parti qu'il tire de ses faibles ressources, se montre de beaucoup supérieur au général anglais.

La chute de Saint-Sébastien, tombé au pouvoir de l'ennemi, après une résistance héroïque, et les masses considérables dont peut disposer Wellington, l'enhardissent à prendre l'offensive; et le 8 octobre, au point du jour, profitant d'un brouillard épais, l'ennemi, conduit par un guide à qui ces parages sont familiers, trompe la surveillance des avant-postes de l'armée française, établis sur la Bidassoa, qui sépare les deux armées, tombe sur la droite de notre ligne, qui, surprise, écrasée par le nombre, cède, non sans résistance, la position dite Croix-des-Bouquets, et, bientôt après, la redoute presque inexpugnable de la Baïonnette.

La perte de ces points importans nous a resserrés dans les camps d'Espelette et de Saint-Jean-de-Luz, que d'immenses travaux, exécutés avec la plus étonnante rapidité, ont mis à l'abri des insultes de l'ennemi.

Cependant, le 10 novembre, après des attaques simulées sur toute la ligne, le général ennemi concentre toutes ses forces sur Sarre et force le passage des montagnes, en avant de ce village, qui, confié à une seule division française, n'a cédé qu'après un combat long et meurtrier, où le brave général Conroux, qui commande cette division , et son chef d'état-major Chalier, tombent tous deux sous le même coup.

Dès-lors, le théâtre des opérations se resserre entre la mer et la Nive , presque sous le canon de Bayonne , et cette place , à peine à l'abri d'un coup de main , est bientôt rendue inexpugnable. Ses dehors , et le vaste camp retranché qu'ils renferment, sont couverts de retranchemens, qui, armés d'une formidable artillerie , protègent nos opérations sur les deux rives de la Nive. Un mois après , le 9 ou le 10 décembre , l'armée ennemie franchit cette rivière ; mais, attaquée le lendemain , avec la plus grande vigueur , elle va payer cher son audace, lorsqu'une pluie battante, qui tombe toute la journée, en ralentissant notre marche , lui donne le tems de repasser la Nive et de se concentrer sur la rive gauche. Des succès importans préludent à la bataille du 13 , livrée à Saint-Pierre-d'Uzube , véritable combat de géans, où la victoire , qui nous appartient, nous est arrachée encore par le défaut d'ensemble et la supériorité numérique de l'ennemi, laissant toutefois les résultats incertains.

Ces combats sanglans terminent la campagne de 1813 ; et l'armée française, toujours digne d'elle-même et du vaillant et habile capitaine qui la commande , peut, avec juste raison , rejeter le peu de succès qu'elle a obtenu sur l'impossibilité de garder , avec des forces aussi réduites , une ligne qui, s'étendant de la mer à Saint-Jean-Pied-de-Port, présente un nombre considérable d'issues et de débouchés. Quelle gloire , d'ailleurs , oseraient revendiquer les alliés , qui, toujours nous écrasant par le nombre, et maîtres de choisir leurs points d'attaque , où ils sont certains de ne rencontrer qu'une résistance partielle , mettent encore six mois pour franchir une dixaine de lieues !

L'armée ennemie appuyant sa droite sur l'Adour , le maréchal Soult se trouve forcé de changer sa ligne d'opérations et son plan de défense. Ses nouvelles dispositions , œuvre du génie et de l'habileté , resserrent l'ennemi dans un pays pauvre , ruiné, théâtre de la guerre depuis six mois , et où le manque de vivres et de fourrages le place dans une situation des plus critiques. Le général Harispe , à la tête des Basques ses compatriotes , et de quelques bataillons de gardes nationales , aggrave encore sa position : harcelant nuit et jour ses convois , enlevant ses fourrageurs , il le menace tout-à-coup dans ses communications avec la base de sa ligne d'opérations sur les Pyrénées , par l'échec qu'il fait éprouver au partisan Mina , qui , culbuté avec une perte considérable , le 10 janvier 1814 , à Saint-Etienne-de-Bigorre , par les 8ᵉ et 9ᵉ légers , se retire précipitamment en Espagne , et jette Wellington dans une telle perplexité , qu'augmentent encore les nombreuses désertions et la démoralisation qui accablent son armée , qu'il n'a plus d'autre alternative que de repasser en Espagne, d'abandonner les succès de la campagne de 1813 , si chèrement achetés , ou d'attaquer l'armée française ; et ce dernier parti eût complété sa ruine, si la fortune , ennemie de notre malheureuse France , n'en avait décidé autrement.

Nos rangs , si cruellement éclaircis par la campagne meurtrière de 1813 , se dégarnissent encore de vieux soldats que nous envoyons à la garde impériale. Le 1ᵉʳ janvier 1814 , quoique renforcée de 30,000 hommes de la levée prise sur 1815 , l'armée présente à peine un effectif de 45,000 baïonnettes. C'est déjà réduit à ce nombre de soldats, que le maréchal Soult reçoit encore l'ordre de diriger sur Paris deux divisions fortes ensemble de 15,000 hommes , une division de dragons, les gendarmes à pied et toutes nos batteries d'artillerie à cheval. L'armée française des Pyrénées , depuis le début de la campagne , six mois auparavant, s'est donc affaiblie , au profit de l'armée du Nord, la mesure de tout ce que nous aurions pu faire, aidés de leur coopération. Ce départ a frappé et nos soldats et les habitans ; chacun se rend compte que si dix divisions d'infanterie, deux divisions de cavalerie, une nombreuse artillerie, n'ont pu se maintenir sur les Pyrénées et derrière la Nive, notre armée, réduite de 20,000 vieux soldats, n'a plus que des revers à essuyer. Soult, seul, n'est pas abattu par cette accablante pensée, et nous soutient encore de son énergique assurance. Il attend l'ennemi sans effroi, convaincu qu'il est, que la résistance qu'il opposera à ses progrès sera digne de lui et de la France, et que sa retraite lui vaudra de nouveaux titres à la reconnaissance nationale.

Le démembrement de l'armée française a servi de signal à l'ennemi. Il fond, le 14 février, sur la division du général Harispe, cantonnée à Hellette, à l'extrême gauche de notre ligne, et la force, malgré sa courageuse résistance, à se retirer sur Saint-Palais, qu'elle n'atteint, toutefois, qu'après avoir, appuyée des troupes du général Paris, soutenu un nouvel engagement, et des plus meurtriers, contre le corps entier du lieutenant-général Hill, secondé de la division espagnole du général Morillo. D'autres combats, où la valeur cède toujours au nombre, nous rejettent du gave de Mauléon sur celui d'Oléron, et prouvent que le projet de l'ennemi est de franchir le gave de Pau, pour s'emparer d'Orthez et de la route de Saint-Sever, qui doit lui ouvrir le cœur de la France. Orthez devient donc le point de concentration de l'armée française. Après de fausses attaques sur les ponts des Peyréhorade et de Sauveterre, les coalisés franchissent le gave d'Oléron au-dessous de Navarreins, au village de Villenave, et s'étendent sur la rive droite. L'armée française n'ayant plus qu'à se concentrer sur Orthez, se replie sur le gave de Pau, qu'elle franchit dans la nuit du 24 au 25. Notre cavalerie observe le cours de ce gave ; mais les chefs des postes, qu'elle a dû établir sur la ligne, négligent de surveiller l'ennemi, et le maréchal Soult n'apprend que le 26 au soir, lorsque le mal est sans remède, que celui-ci a franchi le gave, et qu'il marche sur Orthez.

Le moment est critique, mais Soult n'hésite pas : c'est avec 30,000 baïonnettes qu'il attend l'ennemi, après avoir tenté un dernier effort pour interdire le passage du gave au reste de son armée. Le 27 est livrée la bataille d'Orthez. Le maréchal Béresford, qui conduit en personne l'attaque dirigée contre notre droite, est trois fois culbuté à coups de baïonnette par la division Taupin et les feux de son artillerie, qui, tirant à mitraille, fait un carnage épouvantable des Anglais. Foy, au centre de notre ligne, défend sa position avec la plus rare intrépidité. Harispe, à la gauche, n'est pas encore engagé. Wellington, désespérant du succès, malgré les forces triples qu'il nous oppose, tente un dernier effort, et pousse sa réserve sur le point qui réunit l'aile droite au centre. La tête de cette colonne est culbutée, et entièrement détruite ; mais la supériorité du nombre et une blessure grave qui a frappé le brave Foy, jetant l'hésitation dans sa division, décident le général Drouet-d'Erlon à se replier le long du gave, en arrière d'Orthez. Trop faible pour contenir le général Hill, la division Harispe se retire sur la même direction, et l'aile droite doit suivre le mouvement. Notre retraite, que précipite la colonne ennemie, qui a franchi le gave, en arrière de notre position, s'opère dans un chemin étroit et raboteux, et n'est pas exempte de désordre.

Toutefois l'armée se reforme à deux lieues du champ de bataille, derrière le Luy-de-Béarn, et arrête l'ennemi. La retraite se continue sans précipitation sur Saint-Sever.

Retraite d'Orthez.

L'énergique détermination du maréchal Soult a produit d'immenses résultats. La bataille d'Orthez, où les pertes de l'ennemi ont dépassé, au-delà du double, celles de l'armée française, a jeté l'épouvante dans les rangs des coalisés, et rendu à nos soldats toute leur confiance en eux-mêmes : ils ont contenu le choc de ces masses énormes, qui, par trois fois, se sont brisées contre leurs baïonnettes ; ils ont vu s'anéantir, sous la rapidité et la justesse de leurs feux, cette colonne de réserve que Wellington conduisait en personne, et, convaincus qu'ils sont, que le champ de bataille leur restait acquis si la supériorité du nombre n'avait permis à l'ennemi de se jeter sur nos derrières, ils rêvent succès encore, et brûlent d'impatience de se mesurer avec un adversaire qui n'a même plus à leurs yeux le prestige du nombre.

A Saint-Sever, dès le 1er mars, Soult fait croire à l'ennemi qu'il va se diriger sur la route de Mont-de-Marsan et des Landes, pays qui n'offre aucun moyen de défense, aucune position militaire, lorsque son but est de s'emparer de celle de Toulouse, pour se maintenir dans le midi de la France. Il doit craindre cependant que le général Hill, qui manœuvre sur sa droite, ne soit déjà sur cette dernière route. Une détermination prompte, et habilement conçue, le tire de ce mauvais pas : abandonnant brusquement la route des Landes, il se jette sur celle de Toulouse, et, par la rapidité de sa marche, atteint, avant l'ennemi, les positions d'Aire et de Barcelonne. Le combat d'Aire, où l'avantage nous reste, a rempli le but du maréchal : manœuvrer sur les deux rives de l'Adour, se maintenir dans le voisinage des Pyrénées, et être à même de surveiller les deux routes de Toulouse, celle d'Auch et celle de Saint-Gaudens, pour se jeter sur l'une de ces deux routes si l'ennemi s'empare de l'autre. Les torrens de pluie qui tombent dans la journée du 2 mars, en grossissant l'Adour et les nombreux ruisseaux qui nous séparent de l'ennemi, favorisent l'entière exécution des projets du maréchal, et nous permettent de nous retirer sur l'Adour supérieur, où nous jouissons de quelques jours d'un repos absolu. C'est la première fois, depuis le commencement de nos opérations militaires, que la pluie soit venue à notre aide.

Soult apprend au quartier-général de Rabastens qu'une colonne de 15,000 anglais, sous les ordres de Béresford, se dirige sur Bordeaux ; il songe aussitôt à forcer Wellington à accepter une bataille hasardeuse, ou à rappeler Béresford, et compte, par là, retarder l'occupation de cette importante cité. Il s'ébranle donc le 13 mars, se porte sur Lambège et Conchez, et force Wellington à se replier sur la route d'Aire à Pau. Ce général, que notre sécurité inquiète déjà, rappelle, en toute hâte, le corps de Béresford, et ne laisse que 4,000 hommes au général Dalhousie pour faire une pointe sur Bordeaux, où ce général pénètre sans obstacle le 12 mars.

Nos dispositions offensives ne s'achèvent que le 15 au soir, et, le même jour, les coalisés occupent le plateau de Gazlin avec 60,000 baïonnettes, force du double supérieure à la nôtre. Il y aurait imprudence à risquer les chances d'une bataille générale, et le maréchal ordonne la retraite sur Lambège, retraite qui s'opère sans que l'ennemi songe à nous suivre. Contenus le 16 et le 17 dans cette direction, les coalisés éprouvent deux échecs successifs, à Vieills et à Clarac, qui portent plus particulièrement sur la cavalerie anglaise.

Hill se prolonge sur notre droite, et déjà maître de la route de Toulouse, par Auch, il songe à s'emparer de celle de

Tarbes, et à nous couper la retraite. Il n'a , pour exécuter ce projet, qu'à atteindre Vic-Bigorre avant nous ; mais le général Drouet-d'Erlon l'y devance, se poste, dès le 19 au matin , en avant de cette ville et dans les vignes qui l'entourent , rend infructueuses les nombreuses et vigoureuses attaques dirigées contre lui , et, conservant sa position , donne le temps au reste de l'armée française d'arriver à Tarbes , le soir du même jour, après une marche des plus pénibles et des plus périlleuses, au milieu des landes découvertes de Pons et de Gers.

Tarbes nous a rendus maîtres des trois routes qui , de cette ville, conduisent à Toulouse, par Auch , par Trie, Boulogne et Lombez, et par Saint-Gaudens : cette dernière , plus directe et meilleure, et qui assure encore un point d'appui à notre gauche, en se rapprochant des Pyrénées, est choisie par le maréchal pour continuer notre retraite. Evacuée dès le matin du 20 , Tarbes est aussitôt occupée par l'ennemi, qui, contenu toute la journée sur les hauteurs en arrière de cette ville, voit échouer les efforts multipliés qu'il tente pour s'emparer de ces positions, que nous n'abandonnons que dans la nuit. Maître de la route de Trie , Wellington montre aussitôt l'intention d'atteindre, par une marche rapide, Toulouse avant l'armée française, se flattant même de la couper dans les vastes plaines de Muret. Mais Soult a pénétré ses projets , et déjà Clauzel couvre cette route, avec les divisions Harispe et Villate.

A son arrivée à Saint-Gaudens, le 21 au soir, le maréchal Soult acquiert la fâcheuse certitude que l'ennemi le déborde sur sa droite ; et cette nouvelle lui donne , pour un moment, l'intention de se jeter dans l'Arriége , et de changer sa ligne d'opérations et son plan de campagne. Cependant des renseignemens exacts et sûrs lui garantissant que le chemin de Toulouse, par Boulogne et Lombez, déjà en mauvais état, est rendu impraticable par la pluie tombée dans la journée, il conçoit le projet d'attirer l'ennemi sur cette route, où il doit perdre l'avance qu'il a gagnée ; et les ordres qu'il donne à Harispe de se replier sur Saint-Gaudens, à Villate, d'abandonner brusquement la direction de Boulogne, où il est suivi, pas à pas, pour se réfugier, en toute diligence, sur Saint-Gaudens, afin de donner le change à l'ennemi, exécutés avec la plus grande habileté, couronnent ce plan d'un entier succès.

Wellington, pris à cette ruse de guerre, se croit long-tems encore sur les traces de Villate, et n'apprend que tardivement qu'il a été le jouet de son adversaire ; mais déjà trop engagé, et ne désespérant pas d'atteindre Toulouse avant nous, il achève d'engouffrer son artillerie et son armée dans une route, d'où il ne se retire qu'après les plus grands efforts, et donne le tems à l'armée française de gagner Toulouse, où elle arrive le 24, sans éprouver le moindre obstacle.

A la tête de 25,000 Français, à qui il a communiqué son audacieuse confiance, Soult a contenu une armée de 60,000 hommes, empêché, par d'habiles dispositions, le développement de ses profondes masses, paralysé sa nombreuse et belle cavalerie, dans un pays percé de grandes routes, et où se trouvent des plaines telles que celles de Pons, Gers et Muret ; et se jouant, pour ainsi dire, de son adversaire, il n'a cédé que pied à pied une distance de trente-six lieues, qu'il n'a parcourue qu'en vingt-six jours. Une telle supériorité de conception place le maréchal Soult à la droite de nos plus illustres capitaines, et classe la retraite d'Orthez parmi les faits d'armes de premier ordre.

La retraite de l'armée française a encouragé de lâches manifestations ; mais les cris salariés qu'une vile populace a déjà fait entendre, dans quelques villes du Midi, en faveur des Anglais, sont bien loin d'avoir rassuré Wellington. Il mesure, à leur juste valeur, les hideuses acclamations d'une faction qui n'a de joie que pour les malheurs de sa patrie ; et la sombre inertie des masses , le froid et dédaigneux accueil que ses soldats reçoivent chez l'habitant des campagnes , occupent bien autrement ses esprits ; il a reconnu que le gouvernement impérial a pu désaffectionner le peuple , mais qu'il avait été hors de son pouvoir de détruire ce sentiment de nationalité , que la présence de l'étranger rend plus profond encore, et que le moindre succès des armées françaises peut rappeler à son énergie. Observateur profond , il n'a pas vu , sans inquiétude, nos paysans sourire de pitié à la vue de ses soldats , et, dans chaque habitation , l'arme à feu briller au milieu des instrumens aratoires. Il sait aussi que nos dernières levées appartiennent aux départemens, théâtre de la guerre , et qu'aucune désertion n'a été encouragée ; que le père, embrassant son fils au passage de nos colonnes, l'engageait à le débarrasser bientôt de la présence d'un odieux étranger ; ces données, l'attitude calme, mais assurée, de quelques gardes urbaines , et la conduite ferme d'un petit nombre de magistrats, augmentent encore ses graves réflexions.

Soult a dédaigné les honteuses clameurs et la misérable effronterie d'une faction dont il n'a point compris les espérances, et, comme ses soldats, il s'abandonne à la fortune de la France et au génie de l'Empereur. Ses premiers soins , à son arrivée à Toulouse, ont été consacrés à l'armée. Deux mois de solde lui sont payés ; les magasins d'habillement, entièrement vidés, ont pourvu à ses plus pressans besoins ; des vivres et des fourrages lui sont assurés pour long-tems encore, et son effectif, augmenté de quelques milliers de recrues , dont le commandement et l'instruction sont confiés au général Travot, a créé une espèce de réserve, qui permettra au maréchal de disposer plus utilement des vieux soldats. Enfin, l'artillerie a trouvé, dans l'arsenal de construction et la fonderie de Toulouse , assez de ressources pour remplacer son vieux matériel et pourvoir chaque division de six pièces de campagne.

Postée, le jour même de son arrivée à Toulouse, à une lieue de cette place, sur la petite rivière du Touch, circulairement en avant du faubourg de Saint-Cyprien, l'armée française n'aperçoit l'avant-garde ennemie que le 25, et le 27 seulement, Wellington, débouchant avec le gros de son armée, dirige une vigoureuse attaque sur le pont du Touch, défendu par le général Darmagnac, qui, pris et repris plusieurs fois, reste enfin au pouvoir de l'ennemi. L'acharnement que le général anglais a mis à s'emparer de la rive droite du Touch, et à refouler l'armée française dans les ouvrages de Saint-Cyprien, a démontré qu'il voulait être libre de s'étendre sur la rive gauche de la Garonne, de donner cette rivière pour appui à ses ailes, et d'être à même de la franchir, pour manœuvrer sur les derrières de l'armée française, prendre Toulouse à revers, et nous placer dans la nécessité de nous renfermer dans cette place ou d'opérer notre retraite.

Ces projets sont connus du maréchal Soult, et comme les premières démonstrations de l'ennemi annoncent qu'il songe à franchir la Garonne au-dessus du confluent de l'Arriége avec cette rivière, les troupes aux ordres du général Clauzel se portent en avant du faubourg Saint-Michel pour surveiller ses mouvemens, et sont bientôt suivies par les divisions Darricau et Darmagnac et celle de cavalerie légère aux ordres du général Soult : cette dernière, placée sur les hauteurs du Pech-David, domine les positions de l'ennemi et doit pénétrer ses mouvemens.

Les coalisés jettent en effet, le 31 mars, et sous nos yeux, une partie de leur armée et de leur matériel sur la rive droite de la Garonne, et au lieu de marcher sur nous, cette colonne se dirige, à notre grand étonnement, sur la route de Villefranche. Nul doute alors que l'ennemi ne veuille s'emparer de la route du Bas-Languedoc, et nous forcer à prendre une nouvelle ligne d'opérations ; mais les obstacles qu'il rencontre, sur les limites de la Haute-Garonne et de l'Arriége, sont tels que, désespérant d'y conduire son artillerie, il se voit forcé de repasser sur la rive gauche de la Garonne.

Cependant comment supposer que Wellington, dont la prudence et la circonspection ne sauraient être révoquées en doute, ait pu, sciemment, s'engager dans un pays difficile et inconnu, et s'exposer à être pris entre deux feux ? Ces considérations excèdent les bornes que nous nous sommes tracées, et pourtant nous ne pouvons nous défendre d'avancer, avec une certaine conviction, qu'un tel excès d'audace, de la part du généralissime anglais, ne pouvait provenir que de la certitude que le maréchal Suchet, contenu par des forces supérieures, se trouvait dans l'impossibilité de seconder nos efforts.

Les infructueuses tentatives de Wellington ont changé ses projets, sans qu'il renonçât à passer sur la rive droite de la Garonne ; et le 4 avril, vers le soir, ses pontons jetés, en face de Gagnac, à trois lieues au-dessous de Toulouse, lui permettent, dès le 5 au matin, de franchir cette rivière ; mais son avant-garde, forte de 10,000 hommes, aux ordres de Béresford, et une partie de la cavalerie anglaise, sont à peine sur la rive droite, que le pont, cédant à la force du courant, que la crue subite des eaux a rendu plus rapide encore, se brise et place sir Béresford dans la situation la plus désespérée. Sans munitions, sans vivres, il se considère comme la proie de l'armée française ; et Wellington, en face d'un tel désastre, qu'il est impuissant à réparer, agite, déjà, qu'il serait prudent de procéder à la retraite, avant que la nouvelle de ce revers ne vienne réveiller l'ardeur des belliqueux voisins des Pyrénées.

Soult reste étranger aux alarmes des coalisés : les postes

français de Castelnau et Saint-Caprais, à peu de distance au-dessous de Gagnac, et à qui le moindre mouvement de l'ennemi ne doit échapper, n'ont rien vu, rien compris, et l'incurie, la coupable insouciance de deux officiers inhabiles, ont sauvé Wellington et compromis l'armée. Ce n'est que trois jours après, quand l'occasion est perdue, que le maréchal connaît la position critique de son adversaire, et que des démonstrations tardives sont faites par les généraux Drouet-d'Erlon et Taupin.

Enfin, après deux jours d'anxiété, la baisse des eaux permet à Wellington de rétablir ses communications ; et le 8 avril, 50,000 baïonnettes ennemies, 8,000 chevaux et une nombreuse artillerie, s'étendent sur la rive droite, pour agir à l'est de Toulouse, et livrent au général anglais les routes de Montauban, d'Alby, et même celle du Bas-Languedoc, sur laquelle il pousse des reconnaissances.

C'est aussi le 8 avril que les bruits de l'occupation de Paris se répandent à Toulouse ; mais cette nouvelle, annoncée sourdement et dépourvue de tout caractère officiel, ne produit aucun effet sur l'esprit de l'armée, qui y puise, au contraire, l'ardeur de venger et ses revers et ceux de ses frères du nord. Officiers et soldats jurent de mourir ou de sauver l'indépendance de la patrie.

Bataille de Toulouse.

Quelques engagemens partiels ont eu lieu dans les jour-
nées des 8 et 9 ; mais le 10 avril au matin , jour de Pâques,
l'armée française , qui compte à peine 24,000 combattans , en
bataille , avant le jour , derrière l'immense ligne d'ouvrages
de campagne qui couvrent Toulouse et en font un vaste
camp retranché , attend l'ennemi dans l'ordre suivant : la
division Darricau à l'aile gauche , depuis l'embouchure du
canal au pont de Matabiau , route d'Alby ; le couvent des Mi-
nimes et le pont de ce nom (route de Paris), situés au centre
de cette aile , sont confiés à la division Darmagnac ; et quatre
régimens de cette division , embusqués sur la droite de la
route d'Alby , au point qui lie la gauche au centre , et mas-
qués par des accidens de terrain , doivent , au besoin , se
porter au secours des divisions Darricau et Villate. La division Villate , au centre de la ligne , couvre le mamelon de la
Pujade et défend les ouvrages du nord ; quelques escadrons
aux ordres du général Vial , observent , en avant de cette
division , le cours inférieur du Lhers. La division Harispe,
à l'aile droite , occupe les quatre redoutes situées à la gauche
du plateau du Calvinet : un bataillon de cette division , aux
ordres du général Dauture , défend la redoute de Sypière , à
l'extrême droite de notre ligne. La division Taupin , placée en
arrière du centre de notre aile droite et hors des regards de
l'ennemi , forme une réserve qui doit protéger notre aile et
repousser les attaques qui seraient conduites contre les redoutes défendues par la division Harispe. Le reste de notre
cavalerie observe le cours supérieur du Lhers et couvre le

flanc droit de l'armée. Enfin, la division Maransin, sur la rive gauche de la Garonne, est chargée de la défense de la double tête du pont de Saint-Cyprien.

Les six bataillons de conscrits, aux ordres du général Travot, occupent notre deuxième ligne, à gauche et en avant du faubourg Saint-Michel, et observent la route de Villefranche.

Le plan d'attaque de Wellington est vaste et répond à ses nombreuses forces. Il peut se résumer ainsi : Conduire une fausse attaque sur Saint-Cyprien, pour partager notre attention et nous forcer à dégarnir notre ligne ; effectuer les mêmes démonstrations sur la partie inférieure du canal, afin d'amener le maréchal à affaiblir sa droite pour protéger sa gauche ; insulter nos redoutes du nord par des attaques de front, avec l'intention de les attaquer de flanc, et même à revers, en perçant les intervalles qui les séparent ; enfin, tourner notre droite par un mouvement rapide, s'emparer de vive force du plateau du Calvinet, pour se jeter ensuite sur le pont des Demoiselles et nous couper la retraite, par l'occupation de la route de Villefranche (Bas-Languedoc).

Dès six heures du matin l'action s'engage. Hill, chargé d'aborder les ouvrages qui forment la tête du pont de Saint-Cyprien, n'enlève, qu'après une perte considérable, ceux de la première enceinte, et échoue complètement contre la deuxième enceinte. Les attaques que le général Picton dirige sur notre gauche sont constamment repoussées par la division Darricau ; et celles du général espagnol Manuel Frayre contre la division Villate, sont également infructueuses. Les troupes espagnoles, prises en flanc par le général Darmagnac, qui, s'élançant de son embuscade, les culbute à coups de baïonnettes, sont à l'instant d'être entièrement détruites, lorsque l'arrivée du général Alten, qui accourt à leur secours, détermine le général Darmagnac à reprendre sa position.

La journée se présente sous les plus heureux auspices. L'en-

nemi n'a plus d'autre espoir que dans l'attaque qu'il va entre-
prendre sur notre droite. Là, s'attachent l'honneur de ses
armes et les résultats de la campagne. Là, s'attache aussi le
salut de l'armée française : bien défendus, les ouvrages con-
struits à notre droite nous assurent une victoire complète ;
leur perte fait échouer nos espérances et rend infructueux nos
premiers succès.

Les divisions Cole et Clinton, sous les ordres de Béresford,
sont chargées de cette attaque, tandis qu'une cavalerie nombreuse doit tourner la position. Cette formidable colonne
compte 25,000 combattans, non compris la cavalerie, et se
compose de l'élite de l'armée anglaise ; les écossais en font
partie. Le terrain qu'elle doit parcourir pour arriver au pied
de nos retranchemens, marécageux et inondé par les pluies,
présente de grandes difficultés, mais n'arrête pas les intré-
pides Écossais, qui, dans la boue jusqu'à la ceinture, bravent
une grêle de boulets et d'obus. Elle débouche vers le centre
des redoutes, défendues par Harispe, et se voit bientôt re-
poussée et refoulée par nos tirailleurs et le canon des redoutes, jusqu'à notre extrême droite, en face de la redoute de
Sypière. Cette redoute, entre toutes celles qui garnissent
notre ligne, se trouve dépourvue d'artillerie et n'est
point entièrement achevée ; toutefois, sa situation, sur un
terrain escarpé, la rend d'un difficile accès. Le général Dauture la défend avec un bataillon de la division Harispe.

Le refoulement du corps de Béresford vers notre droite,
exécuté parallèlement à notre ligne et sous le feu de nos
batteries, a alongé et désuni ses divisions. Béresford rallie
promptement sa gauche, et sans se donner le tems d'attendre
la division Clinton, il marche à l'attaque de la redoute de
Sypière. Cet excès de confiance doit lui devenir funeste.
Soult est là, il a vu l'imprudence du général anglais, tout
le parti qu'il peut en tirer ; et la possibilité de culbuter sa

colonne, de la couper du reste de son armée, sans qu'il soit possible à celle-ci de la secourir, est aussitôt conçue. C'est à la division Taupin, que le maréchal appelle en toute hâte, qu'est confiée l'exécution de ce projet. Dans la rapidité de sa marche, cette division n'a pu amener son artillerie, qu'un terrain glaiseux et couvert de fossés a retenue pour quelque tems en arrière : cette contrariété portera ses fruits. Masquée par le terrain et la redoute, elle doit laisser engager la colonne ennemie pour tomber, à l'improviste, sur son flanc droit, lorsque, gravissant l'escarpement, elle marchera sur l'ouvrage. Notre cavalerie est disposée aussi de manière à fondre sur ses flancs pour l'entamer et la jeter en désordre. Estimée à 10,000 hommes, cette colonne ennemie ne peut nous échapper, et n'a aucun secours à espérer. « Général » Taupin, les voilà ! s'est écrié le maréchal ; les voilà ! je » vous les livre, ils sont à nous ! » Et ces dernières paroles, prononcées avec un accent prophétique, ont électrisé nos soldats.

Cependant , par une erreur impardonnable à un général, et dont l'exemple n'a été que trop fréquent dans nos dernières campagnes, Taupin, soit qu'il n'ait point saisi la pensée du maréchal, ou qu'il se soit abandonné à une ardeur inconsidérée , au lieu d'attendre l'ennemi, se jette à sa rencontre dans l'ordre de masses, et se place , dès son premier mouvement, sous le feu de notre redoute, à qui il impose complètement silence , par la crainte où elle se trouve de frapper les siens.

Béresford, quoique surpris par cette attaque subite et imprévue, n'en fait pas moins bonne contenance , et couvre habilement ses flancs par des carrés. La redoute n'a point d'artillerie , et celle du général Taupin n'arrive pas. Ce contre-tems, un certain manque d'ensemble dans les troupes françaises, rassurent l'ennemi ; et Béresford, saisissant avec

rapidité cet instant propice, reprend brusquement l'offensive, et nous met dans l'impossibilité de nous déployer. Son feu
sur nos colonnes serrées devient des plus meurtriers ; nos soldats, tombant sans pouvoir se défendre, s'abandonnent bientôt au plus funeste découragement, qu'une nuée de fusées à
la congrève, lancée sur nos masses par les tirailleurs ennemis,
convertit bientôt en désordre. Taupin se jette au-devant du
péril, cherche à contenir ses soldats ; mais son courage reste
sans effet, et, frappé à mort, il tombe victime de sa propre
faute. Privée de son chef, cette division se replie confusé-
ment sur la redoute, et, par une de ces fatalités, de ces pa-
niques dont on a peine à se rendre compte, entraîne avec elle
le bataillon chargé de la défense de cette position.

Cette perte a glacé d'effroi toute l'armée ; Soult lui-même
en paraît atterré ; mais, prompt à se rassurer, à imprimer à
tous son imperturbable calme, il nous a bientôt rendus à
nous-mêmes, et fait pressentir, qu'en dépit de ce revers,
la journée n'en serait pas moins une des plus glorieuses de
la campagne.

Examinons rapidement, avant de passer à la deuxième période de la bataille, les conséquences qu'aurait entraînées la
défaite de Béresford, sans admettre même la destruction
complète du corps d'armée qu'il conduisait à l'attaque de
Sypière.

Hill, impuissant devant les retranchemens de Saint-
Cyprien, les Anglais repoussés trois fois à notre gauche, la division espagnole du général Frayre presque détruite, Béresford
battu, ou une portion de son corps d'armée en notre pouvoir,
Wellington aurait-il, avec des troupes affaiblies par des pertes
considérables, découragées par les mauvais succès, risqué les
chances d'une deuxième attaque ?

Cette supposition serait à peine admissible, s'il était prouvé
que Wellington n'eût eu aucune connaissance des événemens

de Paris ; mais la conviction établie que ce général était instruit , dès le 8 , de la chute de cette capitale , comment admettre que la vaine gloire d'enlever Toulouse , dont la possession n'était plus que d'un faible poids dans la balance politique , l'eût porté , une deuxième fois , à se jouer de ses soldats , à les livrer aux coups assurés d'une poignée d'hommes décidés et prêts à s'ensevelir sous les ruines de cette ville , si le salut de la patrie l'avait ordonné ? Et, raisonnant toujours dans cette hypothèse , l'ennemi aurait-il pu se maintenir sur la rive droite de la Garonne, en face d'une armée dont la victoire aurait doublé la confiance et la force , sans appui à l'est , et continuellement menacé dans ses communications , avec la rive gauche , par une catastrophe comme celle du 5 avril ; laissant , d'ailleurs , la population entreprenante des pays envahis , à peine contenue par de faibles détachemens, libre de s'organiser et de tomber sur ses derrières au moindre succès de l'armée française ? Nul doute , qu'échouant sous les murs de Toulouse , Wellington se trouvait dans la nécessité de repasser la Garonne , de se reporter vers sa première base d'opérations, ou de courir , à tout instant , les chances d'une défaite que les redoutables habitans des Pyrénées auraient rendue désastreuse.

Ces brillans résultats nous étaient cependant acquis , si Taupin , moins ardent , mais plus pénétré de sa mission , des intentions du maréchal, n'eût pas déjoué nos espérances. Or, qui répondrait que de pareils succès , que Napoléon aurait connus, pendant sa marche sur l'île d'Elbe , n'eussent pas décidé plus heureusement du sort de la patrie?

Les projets de l'ennemi sur notre droite s'étaient accomplis ; ils avaient même dépassé ses espérances. La possession de la redoute de Sypière , lui livrant les hauteurs situées au sud , offrait à ses yeux Toulouse dans toute son étendue ; Toulouse , le but de tous ses efforts !..... Et cependant, que de sacrifices

il devait faire pour s'emparer des ouvrages que nous occu-
pions encore sur le prolongement des hauteurs, et au pied
desquels devait s'ensevelir l'élite de son armée !

Il a fallu deux heures à Béresford pour rallier ses troupes,
attendre son artillerie et coordonner ses mouvemens avec ceux
du général Frayre, qui doit renouveler ses tentatives contre
les ouvrages du nord. Les forces dont il dispose forment deux
colonnes : celle de droite marche à l'attaque des redoutes
confiées à Harispe, et qui couronnent le plateau du Calvinet ; l'autre, à celle du pont des Demoiselles. La possession
de ce passage lui assure la route du Bas-Languedoc, seul
point de retraite de l'armée française, décide du sort de la
journée, et rend notre position des plus critiques.

Une lutte terrible s'engage sur ce point ; mais la contenance
de nos troupes, le concours de notre artillerie, qui, par ses
feux croisés, foudroie les masses anglaises, la conduite héroïque de la division Taupin (le commandement de cette division avait été confié au général Travot), qui, jalouse de
venger sa défaite du matin, a juré de mourir plutôt que d'a-
bandonner sa position, rendent infructueux les efforts de
l'ennemi, et bornent ses succès, sur notre droite, à l'indigne
abandon de la redoute de Sypière.

Cependant, le général Frayre conduit ses troupes contre la
grande redoute défendue par Villate, et voit encore repousser
ses efforts : cette fois, l'opiniâtreté espagnole lui vaut une
troisième défaite qui le met hors d'état de renouveler de dé-
plorables et inutiles tentatives.

Les troupes du général anglais Picton, culbutées complètement à notre extrême gauche, éprouvent des pertes si considérables, que leur général se trouve dans la nécessité de de-
mander une suspension d'armes pour relever ses morts et ses
blessés ; et, pendant cette trève, nos soldats s'empressent à les
aider dans ce grand acte d'humanité.

La colonne de Béresford, conduite à l'attaque des ouvrages défendus par la division Harispe, rencontre partout une vigoureuse résistance, et ne s'empare, qu'après avoir jonché le terrain de ses morts, de la redoute des Augustins. Cette redoute, reprise aussitôt par le 115e, retombe encore en son pouvoir; mais, enlevée une deuxième fois par le même régiment, aidé des 34e et 81e, elle nous reste jusqu'à l'abandon de notre première ligne : les Écossais qui la défendaient moururent tous les armes à la main.

Le brave Harispe, atteint d'un coup de biscaïen au pied, se voit forcé d'abandonner le champ de bataille, en même tems que le général de brigade Baurot, à qui un boulet vient d'emporter une jambe.

Sans généraux, assaillie par des troupes fraîches et triples en nombre, cette division se maintient avec vigueur jusqu'à ce qu'elle reçoive l'ordre d'abandonner ses retranchemens pour se replier sur les maisons crénelées et les batteries en avant du canal. Elle exécute cette retraite avec ordre et calme, et se soutient deux heures au moins dans cette dernière position. Mais l'ennemi semble se multiplier, et dans cette lutte inégale, où nous avons encore le désavantage des positions, nous devons céder au nombre et abandonner enfin notre première ligne.

Durant cette deuxième période, de midi à cinq heures du soir, la canonnade et la fusillade n'ont cessé de se faire entendre ; et lorsqu'on se rend compte que, par la chute de notre redoute de droite (Sypière), la position de l'ennemi avait été rendue égale à la nôtre, on ne peut qu'admirer l'héroïsme et l'intrépidité de nos soldats, qui, toujours en face d'un ennemi triple en nombre, n'ont cédé le terrain qu'après en avoir reçu l'ordre.

L'abandon de notre première ligne, où les coalisés pénétrèrent sans obstacle, leur a donné la mesure de l'étendue de leurs pertes, et ils ont dû rester glacés d'horreur et d'épouvante à la vue de cette énorme quantité de cadavres qui gisaient sur les glacis et encombraient les fossés.

Une forte colonne de troupes anglaises, établie en face du pont des Demoiselles, nous laissa croire, long-tems encore, que l'ennemi tenterait un dernier effort pour s'emparer de ce passage ; mais, épouvanté de ses pertes, il n'osa plus risquer une entreprise que la défense opiniâtre de nos troupes avait dû lui faire considérer comme inutile. Enfin, une fusillade que l'ardeur inconsidérée de nos jeunes soldats avait inutilement provoquée, a complété cette journée.

Toulouse, pendant la bataille, était en proie à la plus vive agitation ; l'épouvante de ses habitans, les nombreux blessés qui encombraient ses rues et réclamaient, par des cris de douleur, les secours qu'exigeait leur triste position, donnaient à cette ville un aspect de désolation bien fait pour contrister tout cœur français. Eh bien ! à la honte de la nation, ou plutôt à la honte de l'indigne parti qui avouait de pareils misérables, il s'est trouvé, dans une cité française, des hommes capables de pousser des cris de joie, lorsqu'après le désastre de Taupin, ils virent les troupes anglaises couronner les hauteurs de Sypière ! Cependant, ces cris de sang, cette joie féroce qui décèlent si hideusement le parti qui, bientôt après, devait ensanglanter le midi de la France par d'horribles massacres, n'ont trouvé que peu d'écho dans Toulouse, et les soins touchans et multipliés que les habitans de tout rang, de tout sexe, se sont empressés de prodiguer à nos blessés, ont protesté, au nom de l'humanité et de l'honneur national, contre une action aussi lâche que criminelle.

La nuit a laissé les deux armées en présence, et le peu de repos qu'elles obtiennent était également désiré des deux côtés.

Bivouaquant sur les bords du canal, l'armée française s'apprête à de nouveaux combats, et nos soldats, calmes, assurés, pleins d'ardeur encore, 'attendent le lendemain, sans inquiétude comme sans alarme.

Le général en chef est le seul à qui le repos soit refusé. Il préside un conseil de guerre, où la question de l'évacuation de Toulouse est résolue affirmativement, sans préjuger, toutefois, sur nos moyens de défense qui doivent être poussés avec la dernière vigueur, autant pour masquer nos desseins à l'ennemi, que pour la sûreté de l'armée même. Les ordres donnés au génie et à l'artillerie, activés avec une étonnante rapidité, ont placé, dès le point du jour, la tête du pont des Demoiselles dans un état formidable ; ceux qui s'adressent aux diverses administrations, assurent l'évacuation complète des arsenaux, des hôpitaux et des divers magasins de l'armée.

Ainsi s'écroule l'accusation que certain parti avait portée contre Soult, d'avoir passé, sans nécessité, la journée du 11 devant Toulouse, comme si l'intérêt bien entendu de l'armée, l'honneur de nos armes, n'avaient pas prescrit cette conduite.

Le 11, avant quatre heures du matin, l'armée française est sous les armes, et attend avec une audacieuse impatience le signal du combat. L'armée anglaise se dessine immobile sur les hauteurs qu'elle a si chèrement achetées la veille ; ses lignes immenses circonscrivent Toulouse au loin, et offrent le spectacle le plus imposant ; elles contrastent avec cette poignée de Français qui leur a rendu le succès si difficile ; elles donnent la mesure de la conduite héroïque de notre armée.

L'ennemi n'a plus qu'à forcer le pont des Demoiselles, dont la possession, acquise à un prix quelconque, lui livre la route du Bas-Languedoc, la seule qui assure notre retraite ; mais il n'ose se risquer : l'attitude de l'armée française, le souvenir de la veille, lui ôtent cette résolution, et cette journée s'écoule sans combats.

Ainsi s'est terminée la bataille de Toulouse, où 24,000

Français, couvrant une étendue de trois lieues, ont contenu, pendant deux jours, une armée de 70,000 hommes, réunissant, sur plusieurs points, l'avantage des positions à celui du nombre, et où les pertes de l'ennemi se sont élevées au-delà de 10,000, lorsque les nôtres n'ont pas atteint 3,500.

Que de résultats eût amenés cette journée, si Suchet, se rendant aux instances de Soult, avait cru devoir joindre ses efforts aux nôtres, et quelle autre attitude aurait prise le cabinet français au traité du 30 mai!

Mais oublions des regrets déjà si loin de nous, et que nos derniers accens soient consacrés encore à repousser une injuste accusation, à rejeter sur Wellington seul le sang répandu devant Toulouse : maître des routes de Paris et de Bordeaux *, il a connu, dès le 8, les événemens de la capitale, que Soult, bloqué comme il l'était, a complètement ignorés ; et si une vaine gloire a conduit le général anglais à nous attaquer dans nos lignes, pour couronner sa campagne par la prise de Toulouse, l'honneur ne prescrivait-il pas impérieusement au maréchal de repousser cette agression et de punir l'insatiable orgueil de son rival! Attaqué dans ses lignes, il s'est défendu ; quel reproche a-t-il donc à se faire? Il a jeté sur nos armes un dernier rayon de gloire, que nos éternels ennemis ne lui pardonneront jamais : c'est là tout son crime ; mais ses mains sont pures du sang inutilement versé ; et ce sang doit retomber de tout son poids sur le généralissime de la Sainte-Alliance.

L'évacuation des hôpitaux, du matériel, des magasins de l'armée, opérée, dans la journée du 11, avec une activité dont on a peine à se rendre compte, avait permis à l'armée

---

* Le 7 avril, la cavalerie anglaise occupait la route de Paris, et avait poussé des reconnaissances sur celle du Bas-Languedoc.

française d'abandonner ses positions, et le soir du même jour, nos colonnes s'écoulèrent lentement sur la route de Villefranche. Un malaise, jusqu'alors inconnu, travaillait nos soldats, et semblait présager les malheurs qui devaient bientôt nous accabler. Jamais l'armée n'avait offert un pareil aspect.

Le 13, le dernier coup de canon se fit entendre; le 13 aussi, un parlementaire anglais nous annonça la paix...., et quelle paix!

Enfin, le 14, plus d'illusion....., il nous a fallu croire que Paris était au pouvoir de l'étranger....., il nous a fallu croire que nous devions abandonner nos aigles, nos couleurs chéries....., que Napoléon, Napoléon sur qui, après la France, s'étaient concentrées toutes nos affections, toutes nos espérances, avait cessé de régner!!! . . . .

. . . .

Les faits ont parlé; ils disent mieux que toute réflexion ce que valent les assertions d'un parti qui n'a d'entrailles que pour l'étranger.

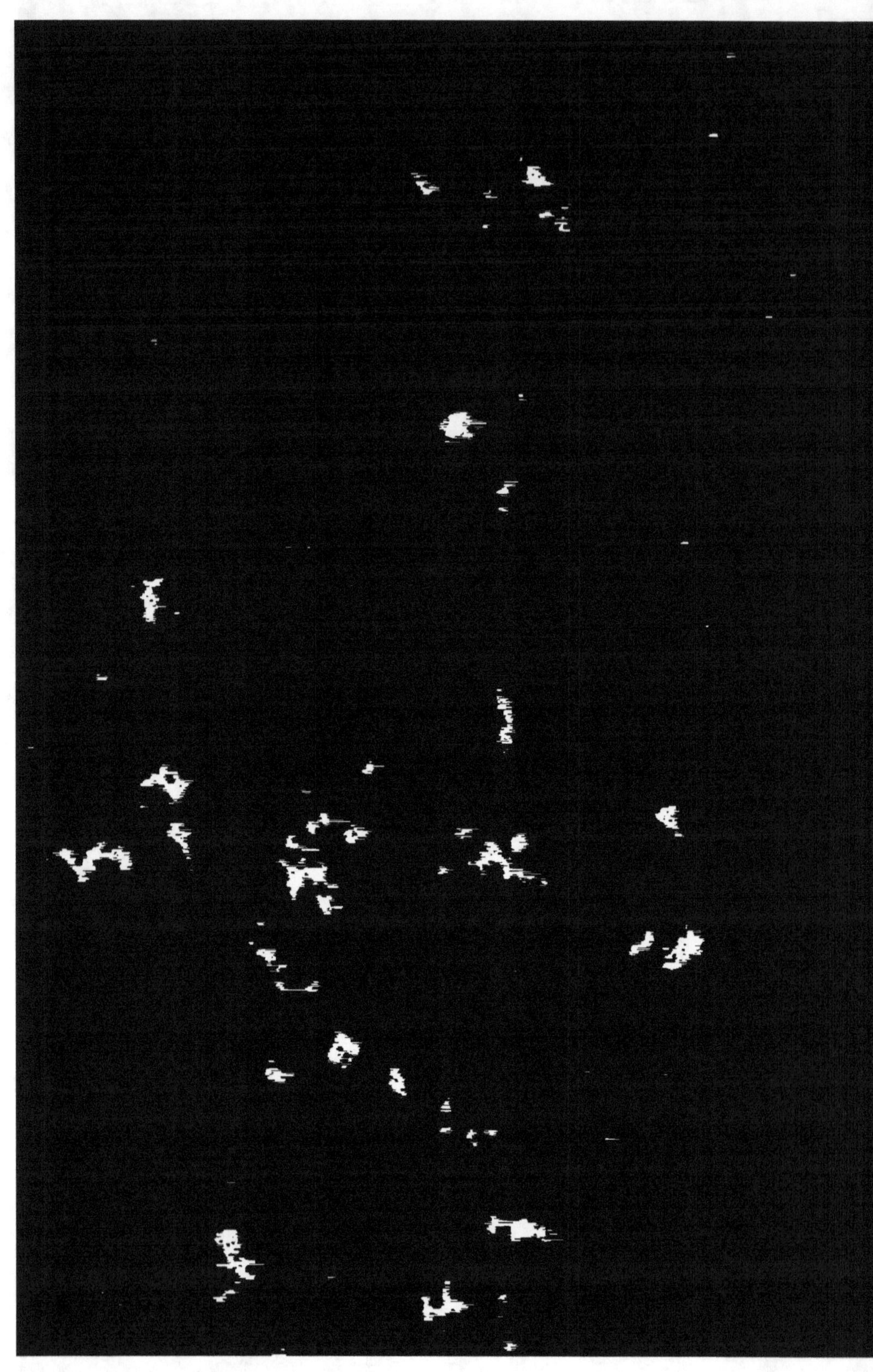